Jundiaí
2013

ELABORAÇÃO DE PROJETOS ESPORTIVOS
Davi Rodrigues Poit

Copyright © 2013 by Davi Rodrigues Poit

Revisão ortográfica:
Lívia Maria Louzada Brandão

Capa, projeto gráfico e diagramação:
André Henrique Santos

Nenhuma parte deste livro pode ser reproduzida ou transmitida de qualquer forma ou por quaisquer meios eletrônico, mecânico, fotocopiado, gravado ou outro, sem autorização prévia por escrito do autor.

CIP-BRASIL. CATALOGAÇÃO-NA-FONTE
SINDICATO NACIONAL DOS EDITORES DE LIVROS, RJ

P813e

    Poit, Davi Rodrigues
        Elaboração de projetos esportivos / Davi Rodrigues Poit. - São Paulo : Phorte, 2013.
        80 p.

        Inclui bibliografia
        ISBN 978-85-7655-386-1

        1. Esportes - Organização e administração. 2. Congressos e eventos - Organização. I. Título.

13-1735.   CDD: 796.06
                          CDU: 796.063.4

18.03.13   21.03.13   043572

Impresso no Brasil
Printed in Brazil

Dedicatória:
Aos melhores projetos
da minha vida,
meus filhos: Luca e Caio,
jovens fora de série.

O Autor

Projeto de uma mistura, planejado nas alturas,
Índio, negro e europeu, humilde criança nasceu.
Na pia batismal recebeu, o nome de Davi,
Aquele um rei poderoso, este um simples plebeu!

Na sua infância saudosa,
Nas ruas da grande cidade,
Teve Maria, mãe zelosa,
A lhe ensinar a verdade:

"O futuro, meu filho, se constrói
Com trabalho, estudo e honestidade."
Assim o garoto cresceu
E na dura escola da vida atingiu a maioridade!

C.P.O.R. ele escolheu para o serviço militar
Nos anos de caserna forjou sua personalidade,
Com liderança, organização e disciplina
Que o caracterizam em suas atividades!

Tenente do nosso exército foi destaque entre seus pares
No tiro, seus resultados, foram sempre singulares.
No karatê destacou-se pela destreza e coragem,
Faixa preta, 6º dan, conquistou prá sua bagagem!

Na querida Jundiaí, a ESEF foi procurar,
E concluindo os estudos, laureou-se para ensinar.
À mesma ESEF voltou, depois, como professor,
E numa carreira brilhante, vários cargos ocupou!

Em um momento da vida, o cupido o acertou,
A sua Dedé querida, o nosso mestre encontrou,
Dois filhos eles geraram: Luca e Caio, dupla genial,
Formando esse quarteto uma família trilegal!

Sempre buscando mais,
Num projeto de vida elaborado,
Após alguns anos de estudo,
Pela PUC-SP foi doutorado!

Com seu nome projetado, num universo estrelado,
Pelo êxito alcançado, sempre foi convidado
Para cursos e palestras no Brasil e exterior
Semeando conhecimento e mostrando seu valor!

Para a posteridade três livros escreveu:
***Organização de eventos, Cerimonial e protocolo
e Elaboração de projetos,*** didáticos e objetivos,
Enriquecem a literatura para os gestores esportivos.

Este é o autor que conheço bem de perto,
Davi Poit, um projeto que deu certo!
Este livro eu recomendo, façam seus projetos também,
E colham os frutos mais além!

Antônio Mantovani Sobrinho, 76.
É fundador da Festa Italiana de Jundiaí e autor
dos livros **O amor vencerá** (2007) e **Hinos,
homenagens, críticas e mensagens** (2013).

Apresentação

Minha experiência de professor de ensino superior em uma instituição privada, que atende predominantemente cidadãos das periferias de grandes cidades no Brasil, tem demonstrado que o hábito de ler é um dos mais temidos desafios que os brasileiros enfrentam. Em consequência desta realidade, para este público egresso de escolas públicas, escrever com desenvoltura torna-se uma tarefa ainda mais desafiadora.

Estamos diante de uma obra construída a partir da coragem de um autor obstinado e já veterano - é sua terceira obra solo - que sempre se dedicou com foco e disciplina em desenvolver aqueles temíveis hábitos de ler e escrever. Um autor que construiu uma carreira acadêmica sólida, dedicada a ensinar, além das variadas matérias de educação física, planejamento e organização aos seus milhares de alunos nas diversas instituições em que leciona e profere cursos e palestras.

Eis aqui mais uma contribuição para um Brasil mais eficaz. Um livro agradável e leve, escrito para aprender a gostar de ler e com conteúdo de fácil aplicação. Objetivo em suas proposições, didático em seus exemplos e adequado a quem procura organizar eventos ou outros empreendimentos que demandem um projeto inicial, visando captar recursos, parcerias e patrocínios.

Vale lembrar que a elaboração de um projeto não garante o sucesso de uma ideia, mas aumenta significativamente a probabilidade de êxito de um empreendimento. O momento econômico que o Brasil está passando constitui um ambiente de negócios adequado para aprender a elaborar projetos. É oportuno que pequenos, médios e grandes eventos sejam implementados com base em projetos bem elaborados e que empreendedores e organizadores de eventos aproveitem a oportunidade dos grandes eventos que o Brasil está organizando, em especial, os grandes eventos esportivos, para profissionalizar cada vez mais suas ações.

Leia, desfrute, instrua-se e tenha sucesso em seus eventos consultando esta obra que tem o mérito de ser um manual prático, que supre uma necessidade explícita do atual cenário do ambiente de negócios no mercado brasileiro.

Parabéns ao autor, homem livre e de bons costumes, de quem me orgulho de ser **irmão**.

Daniel Rodrigues Poit, 53.
Economista-UFPR, Eng. de Qualidade PUC-PR,
Mestre em Tecnologia e Desenvolvimento-UTFPR,
Professor e Comentarista de Economia.

Sumário

Apresentação, 9

Organizando um Projeto de Sucesso: Fundamentos, 12
    Generalidades, 15
    Tipos de retorno para o Patrocinador, 16
    Tipologia para captação de recursos, 17

Administrando um Projeto, 20
    Elaborando um pré-projeto, 22

Tipos de Projetos , 26
    Anatomia de um projeto, 28

Projetos Incentivados, 34

Ciclo de Vida de um Projeto, 40
    Roteiro de um projeto de evento, 43
    O Planejamento e o projeto, 45
    O Ciclo de Deming, 46
    Análise SWOT, 48

A Marca do Projeto, 52
    Negociando um projeto: a fase decisiva, 54

Avaliação do Projeto, 60

Considerações Finais, 64

Anexos, 68

Referências, 78

Contatos, 79

Organizando um Projeto de Sucesso: Fundamentos

Quando João Lyra Filho redigiu seu relatório para o Ministério da Educação e Saúde em 1944, denominado **A Proteção do Estado aos Desportos** que foi publicado pelo mesmo ministério, provavelmente não imaginava que os problemas persistiriam até os nossos dias, ou seja, a afirmação a seguir é extremamente atual:

> *Em síntese, examinadas as condições financeiras das nossas entidades desportivas, admitimos que todas elas, umas mais outras menos, sofrem os efeitos de uma generalizada falta de recursos* (BRASIL, 1944).

Para diminuir o problema da falta de recursos existe a opção de confeccionarmos bons projetos que possam, de alguma maneira, contemplar este ou aquele ramo de atividade. No caso específico deste livro estamos falando de projeto para captação de recursos. Seja qual for o projeto, uma característica é fundamental: devemos prezar e envidar esforços para uma construção correta das frases gramaticais, utilização correta das palavras e registros das informações, imprescindíveis ao sucesso do projeto. Um projeto bem escrito evita erros de interpretação, evita conflitos e disputas legais e, acima de tudo, apresentará corretamente uma boa ideia e ainda transmitirá confiança aos futuros parceiros.

As discussões sobre elaboração de projetos estão ganhando corpo, o que era sigiloso e estratégico para algumas instituições virou, nos dias de hoje, matéria obrigatória nos cursos de gestão e o conhecimento sobre projetos passou a ser estratégico para os profissionais das mais diversas áreas.

Mas a pergunta continua incomodando: O QUE É UM **PROJETO**?

Encontramos no dicionário Latino Português a palavra PROJECTUS que significa: lançado, arremessado para frente, que sai para adiante.

Para Poit (2013) a definição de projeto é bastante objetiva:

> *Projeto é a sistematização de uma ideia, apresentada de maneira lógica em forma e conteúdo. Sendo forma a metodologia e organização, e o conteúdo a explicitação da ideia e originalidade (Poit, 2013).*

Outra conceituação fundamental que vale uma reflexão é fornecida pelo **Project Management Institute:**

> *Projeto é um esforço temporário e único empreendido para alcançar um determinado objetivo. É um produto ou serviço único, não repetitivo e que envolve uma previsão e, ao mesmo tempo, um certo grau de incerteza na sua realização (PMI 2008).*

A elaboração de qualquer projeto depende de vários fatores fundamentais, dentre eles destacamos dois:

1. A capacidade de construir uma ideia mental de uma circunstância futura.
2. A capacidade de arquitetar um plano de ação a ser executado em um tempo previamente determinado e suficiente para a plena realização do estabelecido.

Generalidades

O registro do seu projeto nos órgãos específicos é uma maneira de proteger sua ideia e marca. Para o INPI (Instituto Nacional de Propriedade Industrial) marca é, segundo a lei brasileira, todo sinal distintivo, visualmente perceptível, que identifica e distingue produtos e serviços, bem como certifica a conformidade dos mesmos com determinadas normas ou especificações técnicas. A marca registrada garante ao seu proprietário o direito de uso exclusivo no território nacional em seu ramo de atividade econômica. Ao mesmo tempo, sua percepção pelo consumidor pode resultar em agregação de valor aos produtos ou serviços.

Não devemos esquecer que o projeto é uma obra intelectual. Além de registrarmos o projeto em cartório ou empresas especializadas em marcas e patentes, nós temos o amparo da Lei de direitos autorais, nº 9610/98 de 19 de fevereiro de 1998. A simples violação dos direitos do autor pode ser punida com uma pena de três meses a um ano de prisão, ou então, a aplicação de multa. Acrescentamos ainda, algumas sugestões relevantes para podermos montar um projeto substancioso:

- Procure um tema atual e, se possível, com uma identidade regional.
- Considere as datas festivas e cívicas
- Crie uma boa logomarca.

- Pense na possibilidade de 'adotar' uma mascote.
- Seja criativo, pense em ideias novas; singulares.
- Agregue ideias à original: shows, apresentações, grupos folclóricos, ecologia, filantropia entre outros. A isto, denominamos complementaridade.
- Faça do seu projeto um atrativo para o público e mídia.
- Procure garantir um excelente retorno para os patrocinadores e parcerias em geral.
- Contribua para a promoção da cidade sede.
- Negocie antecipadamente com a mídia da cidade.
- Procure parcerias que agreguem prestígio ao seu projeto.
- Capriche no *layout*, no material impresso etc.
- Escolha equipes qualificadas. Isto é investimento.
- Procure dar relevância social ao projeto, todos ganham.
- Dê espaço para novas ideias, não feche portas.

Tipos de retorno para o Patrocinador

O projeto deve passar uma mensagem clara ao patrocinador, deixando-o convicto de que o sucesso do evento estará fortalecendo a imagem da sua empresa e/ou da sua marca. O retorno será demonstrado através do plano de mídia que vem explicitado no item *"contrapartida ou aproveitamento promocional"* deste livro. Segue uma breve relação de formas de retorno que uma entidade e/ou personalidade podem obter quando investem em um projeto:

- Associação do nome ao evento.
- Visibilidade e credibilidade.

- Repercussão imediata.
- Reconhecimento público.
- Reforço da imagem institucional.
- Identificação com os segmentos do mercado.
- Envolvimento com a comunidade.
- Responsabilidade Social.
- Exposição espontânea na mídia.
- Visualização nos momentos de alta receptividade.
- Apoio em atividades sustentáveis e afins.
- Outros.

Tipologia para captação de recursos

1. Patrocínio:
   a. Patrocínio exclusivo: cobre 100% das cotas.
   b. Patrocínio Máster: compra uma cota principal ou especial.
   c. Copatrocínio: Cada um compra uma cota equivalente ao outro. Patrocinam juntos.

2. Apoio: Ocorre através de recursos menores que uma cota de patrocínio. O apoiador pode ser aquele que cede o local, que chancela o evento, que colabora com recursos materiais, entre outros tipos de suporte.

3. Mecenato: Nos projetos esportivos é o patrocinador que ajuda sem pedir nada em troca. O nome vem de Caius Cilnius **Mecenas** (70 a.C. — 8 a.C.), que foi um grande estadista, patrono das letras e um hábil conselheiro do Imperador Romano César Octaviano.

4. **Doação:** Situação muito comum em projetos sociais e filantrópicos. É a cessão gratuita de recursos humanos, materiais, bens, espaços, produtos e serviços sem divulgação da marca e mantendo o doador no anonimato.

5. **Permuta/Escambo:** São as trocas que fazemos visando interesses recíprocos e sem a utilização do dinheiro. Normalmente se utiliza para troca de materiais, produtos, serviços, divulgação e/ou exposição da marca.

6. **Incentivo Fiscal:** Veja "projetos incentivados" neste livro.

7. **Parceiros Exclusivos:** Tendência que vem se consolidando, por exemplo: Empresa aérea exclusiva, Escola de idiomas exclusiva, mídia oficial, locadora oficial, gráfica oficial etc.

Administrando um Projeto

Arena de vôlei de praia

Administrar um projeto e torná-lo um sucesso é, sem dúvida, uma excelente opção profissional, desde que surgiu a prática de gerenciar projetos na década de 50 e início dos anos 60, as instituições começaram a exigir dos gestores de projetos muito mais que fluxogramas, cronogramas e local de reunião. Paralelo a tudo isto começou a aparecer no mercado inúmeros livros e trabalhos científicos, com os mais diversos títulos, versando sobre este assunto e, desta maneira, a expressão Gestão de Projetos foi definitivamente incorporada ao nosso mundo de negócios.

Acredita-se que os profissionais que dominam o gerenciamento de projetos terão as rédeas do desenvolvimento dos grandes negócios nas próximas décadas, afinal, o gerenciamento de projetos é praticamente uma necessidade e unanimidade mundial.

Ter a *expertise* da gestão de projeto é ser um profissional cobiçado e qualificado no competitivo mercado, lembrando que existem projetos de todos os tamanhos, tipos e valores.

Outro detalhe que não podemos menosprezar é a invejável agenda de eventos que esta reservada ao Brasil neste momento histórico, exemplificando: Copa das Confederações de Futebol (FIFA-2013), Copa do Mundo de Futebol (FIFA-2014), Jogos Olímpicos (COI-2016), Jogos Paralímpicos (COI-2016) e inúmeros eventos internacionais de diversas modalidades.

Elaborando um pré-projeto

Podemos dizer que é fundamental ter respostas para algumas perguntas na fase do pré-projeto. Sem uma resposta adequada a tais perguntas o projeto corre o risco de nascer com alguns problemas, os quais não solucionados logo no início conspirarão para inúmeros outros problemas e, o que é pior, para uma eventual desistência do projeto. Seguem as perguntas que não podem prescindir de uma boa resposta:

- Em qual contexto o projeto se insere?
- Qual a autonomia do gerente de projetos?
- Quais os limites financeiros máximos e mínimos do projeto?
- Qual a política para captação de recursos para o projeto?
- Como o gerente irá gerenciar suas prioridades para atender o projeto?
- Como será a prestação de contas do projeto? Item de grande importância e, quando esquecido, costuma ser fonte de muitos problemas.
- O prazo de entrega do projeto está dentro da realidade?

Equacionada a fase do pré-projeto você precisa avançar e partir para a etapa da construção do projeto propriamente dito, desta maneira existe uma nova lista de perguntas a serem respondidas, são elas:

- Quem somos?
- O que queremos?
- Qual o local em que será desenvolvido?
- Qual o problema?
- Quais os envolvidos?
- Para que e para quem?
- Qual o tempo de duração?
- De que e de quanto tempo precisamos?
- Quais os parceiros?
- Como será a comunicação?

Após escrever as respostas e analisar cuidadosamente a viabilidade do projeto, você terá ferramentas para verificar claramente a possibilidade de sucesso do seu empreendimento. Só não podemos afirmar que haverá 100% de sucesso tendo em vista que *uma das características fundamentais de todo projeto é justamente a incerteza.* Para um estudo mais detalhado e criterioso da viabilidade devemos analisar basicamente o seguinte:

Viabilidade política: Inserção nos projetos políticos e obediência as normas legais. Bem como análise das correntes políticas do município e região. Incluindo períodos eleitorais, organização do poder e hegemonias partidárias.

Viabilidade financeira/econômica: Análise detalhada dos custos, eventuais financiamentos, fontes de receita, relação das principais despesas, possibilidades de retorno e sustentabilidade do projeto (principalmente quando se tratar de projetos de longa duração em que se pretende transformar em programa).

Viabilidade técnica: Descrever quem vai dar o suporte técnico, analisar a real necessidade de especialistas nas diversas áreas de atuação do projeto e respectivos custos. Lembrando que é muito comum projetos multidisciplinares para atender uma sociedade cada vez mais complexa.

Viabilidade social: Aceitação dos envolvidos pelo perfil social do projeto. Vale lembrar que existe uma carência muito grande de ideias (boas e factíveis) que caminhem ao encontro das necessidades atuais de atender as metas de responsabilidade social que as instituições e empresas estão adotando.

Viabilidade ambiental: Caso tenha alguma ligação com a área ambiental, ideia que deve ser perseguida, verificar se há o devido respeito aos princípios de sustentabilidade ambiental. Esta é mais uma área que o gerente de projetos deve se debruçar e envidar esforços para se alinhar a uma das muitas causas que além de justas agregam uma vertente extremamente positiva ao projeto. Verificar ainda, legislação específica da região, conselhos municipais etc.

Para montar um bom projeto devemos verificar algumas características típicas de um projeto inovador, tais como: Um bom tema, originalidade, ideias complementares, representar um atrativo, sequência lógica, garantia de retorno para os envolvidos, boa relação custo/benefício e excelente apresentação.

Tipos de Projetos

Apoio logístico

Existem vários tipos de projetos, a seguir destacamos os mais comuns na área esportiva e no marketing esportivo em geral, são eles, projetos de:

- Eventos
- Incentivados
- Clubes
- Atletas
- Licenciamento
- Publicidade
- Serviços
- Acadêmicos
- Outros

Anatomia de um projeto

Para que um projeto seja abrangente ele deve conter todas as informações imprescindíveis para uma análise correta e para ficar evidente a responsabilidade de cada parte envolvida, bem como, o tipo de retorno que cada envolvido terá. Assim recomendamos que um projeto contemple a seguinte organização básica.

Capa – Folha de rosto

É a cara do projeto, deve comunicar algo, se possível ser uma síntese do conteúdo, vale uma preocupação redobrada neste item. Na capa aparecem o nome do projeto, logomarca e cores adotadas, se possível, o slogan também é bem-vindo.

Apresentação

Podemos utilizar ainda os títulos *justificativa* ou *histórico*, o importante é contarmos de maneira objetiva quem é a equipe que está por trás do projeto, o que é, para quem é, o porquê, ou seja, uma pequena história a respeito do projeto, de onde veio a ideia, se existe algo semelhante em algum lugar, relevância esportiva e/ou social, se há apoio em alguma pesquisa de mercado ou pesquisa acadêmica entre outros assuntos pertinentes a uma boa apresentação.

Objetivos e metas

Definir os objetivos do projeto e, principalmente, ampliar as possibilidades e abrangência propiciando outros objetivos além daqueles que deram origem ao projeto. Ou seja, **dê ênfase aos resultados esperados mostrando que seu projeto pode fazer** a diferença. Divida os objetivos em:

- Objetivo geral.
- Objetivos específicos.
- Objetivos educacionais.
- Objetivos sociais.
- Outros.

Vale insistir que o item OBJETIVO tem uma grande importância, tanto é verdade que importantes instituições costumam orientar a elaboração de projetos baseadas e orientadas por objetivos.

Quando os objetivos são claros e expressos com verbos que inspiram ação, eles passam a ser os norteadores dos procedimentos futuros para a consecução daquilo que está expresso em sua essência.

É bom frisar que o objetivo deve estar ligado a uma visão global e abrangente do tema e deve ainda se relacionar com o conteúdo do projeto.

Já os objetivos específicos apresentam um caráter mais concreto. Têm função intermediária e instrumental, exercendo uma dupla função, de um lado colabora com as ideias expressas no objetivo geral, de outro, tem uma aplicação direta em situações particulares.

Outra falha que deve ser evitada, é a confusão entre objetivo e meta, enquanto o objetivo é qualitativo a meta é sempre quantitativa e ainda possui as seguintes características: é *específica, mensurável, alcançável, relevante e tem definido o seu horizonte de tempo.*

Local

Caso o projeto seja desenvolvido em locais especiais, turísticos, tradicionais ou de comprovada beleza, deve-se destacar os pontos positivos e curiosos deste local. Relatar o porquê da escolha do local, como é o acesso e referências para melhor localização. Caso contrário, só o endereço e mapa resolvem.

Público alvo

Definir claramente o público alvo é fundamental, além de facilitar a logística dos organizadores é um critério imprescindível para o processo decisório do patrocinador. É importante especificarmos a segmentação, a estimativa de público e de participantes.

Desenvolvimento

É uma parte do projeto destinada a relatar os itens que não foram contemplados em outras partes específicas do projeto, esta parte pode ser chamada de *procedimentos*. Neste espaço do projeto informamos todos os detalhes operacionais, por exemplo: como serão feitas as inscrições, premiações e principalmente os métodos, estratégias, ações e atividades planejadas. Em projetos mais complexos esta parte normalmente contém o maior número de informações.

Importante: Lembrar que devemos descrever como será o desenvolvimento do projeto, tudo que *vai* acontecer. No planejamento, informamos *como* vai acontecer.

Recursos

Neste item relacionamos todos os recursos humanos, materiais, físicos e financeiros que serão empregados. Especial atenção deve ser dada ao orçamento, pois o mesmo é um excelente instrumento de controle. No orçamento, devemos trabalhar com uma estimativa de custo clara e compatível. Uma boa análise dos recursos financeiros redundará em sucesso do projeto, lembramos que dinheiro sem organização resulta em muito desperdício e falcatruas. Alguns itens fundamentais para esta parte do projeto:

Planejamento de recursos: relação detalhada de tudo que será necessário, especificidades, quantidades.

Humanos: Próprios, eventuais contratados, voluntários, apoio, etc.

Material Permanente: Bens, equipamentos, instalações, etc.

Material de Consumo: Combustível, material de escritório, material esportivo, etc.

Serviços de Terceiros: Viagens, hospedagens, alimentação, transportes, serviços, etc.

Previsão de receita: Patrocinadores, apoiadores e afins .

Contrapartida ou aproveitamento comercial

É neste item que você "vende" a sua ideia. Ao patrocinador interessa saber qual o retorno que ele terá. Não faça do seu projeto um manual técnico, dê ênfase ao aspecto promocional. Neste espaço devem ser mostrados os benefícios ao patrocinador, para a entidade ou para a personalidade que você busca apoio; dê ênfase ao plano de mídia, que é um conjunto de ações promocionais utilizando os diversos veículos de comunicação de forma planejada, sucessiva e ordenada, tais como: *folhetos, cartazes, banners, estandes, outdoors, back ligths, prismas, internet, faixas, bonés, bolsas, adesivos, camisetas, contratação de artistas, anúncios na mídia em geral, aluguel de equipamentos promocionais, logotipo em todo material do evento, etc.*

É nesta parte do projeto que você apresenta as cotas de patrocínio e a contrapartida oferecida para cada uma delas. Não existe nome padrão para as cotas, seja criativo. Algumas ideias de nomes: Premium, Máster, Diamante, Zafira, Rubi, Ouro, Prata, Bronze, etc.

Cronograma

É um quadro demonstrativo contendo a data, tempo de duração e descrição de cada fase do projeto. Na prática, o cronograma é um resumo de tudo que acontece, antes, durante e depois do projeto, é um importante instrumento de consulta. Lembre-se que um bom cronograma além de ajudar na organização temporal do projeto, causa uma boa impressão nos *prospects* (possíveis apoiadores) que poderão se tornar parceiros.

Assinaturas – chancelas

São as entidades que fazem parte direta ou indireta do projeto. Normalmente se usa a logomarca da entidade e não a assinatura convencional. Sugerimos que sejam relacionadas as responsabilidades de cada uma delas. É uma boa ideia ter apoio de instituições que gozem de grande confiabilidade junto a comunidade, por exemplo: Unidades do Exército, Corpo de Bombeiros, entidades tradicionais da região, etc. De um modo geral, quando recebemos o apoio, damos o nome de **parceiros** para estas instituições.

Anexos

Utilize o bom senso e anexe somente o material necessário para tornar o seu projeto mais vivo. Exemplos de anexos: mapa de acesso ao local, croqui dos locais de competição, mapa dos estandes, currículo das pessoas-chave no desenvolvimento do projeto, pesquisas, fotos, centimetragem, clipagem, desenhos de peças de *merchandising* (Boné, camiseta, caneta, pasta, brindes), fotos do local, modelo de ficha de inscrição, modelo de certificado, regulamento, outros.

Curiosidade: Um erro bem comum na confecção de projetos esportivos é confundir o estilo criativo, ousado e inspirador do projeto comercial (desejado) com o perfil sóbrio e formal de projetos acadêmicos.

Projetos Incentivados

Pórtico de um evento esportivo

No Brasil existem inúmeras possibilidades de se buscar recursos por meio dos programas de incentivos e subsídios dos governos municipais, estaduais e federais. Em geral os interessados aprovam o projeto no órgão público de acordo com as normas específicas fornecidas por regulamentos próprios e, após a aprovação oficial, os interessados vão buscar na sociedade pessoas, instituições ou empresas que queiram apoiar seu projeto em troca de renúncia fiscal em âmbito federal, estadual ou municipal.

A **título de ilustração e para que o leitor possa avançar nos estudos das respectivas Leis**, citamos duas importantes Leis que estão em plena vigência:

A Lei Paulista de Incentivo ao Esporte é uma Lei regulamentada no Estado de São Paulo e que teve origem no momento em que a Lei do ICMS teve o artigo 16 alterado (Lei 13.918 de 22 de dezembro de 2009) e passou a permitir a destinação de parte do ICMS recolhido por empresas para projetos esportivos:

Artigo 16 – Fica o Poder Executivo autorizado a conceder crédito outorgado correspondente ao valor do ICMS destinado pelos respectivos contribuintes a projetos desportivos credenciados pela Secretaria de Esporte, Lazer e Turismo do Estado de São Paulo, conforme regulamentação (Assembleia Legislativa do Estado de São Paulo).

O objetivo da Lei é possibilitar às empresas de todo o Estado apoiar projetos esportivos elaborados pela sociedade civil organizada, por meio de patrocínio ou doação financeira provenientes da renúncia de ICMS por parte do Estado.

As empresas pagadoras de ICMS podem destinar de 0,01% a 3% do imposto devido limitado em 0,2% do total de recolhimento por parte do Estado. Verifique também o Decreto n° 55.636, de 26 de março de 2010. O valor global do teto de renúncia de cada exercício é fixado pela secretaria da fazenda.

FIGURA 1 - SELO EXCLUSIVO DA LEI PAULISTA DE INCENTIVO AO ESPORTE

Na esfera Federal temos a Lei de Incentivo ao Esporte. Lei nº 11.438 de 29.12.06. Regulamentada em 2007, a lei visa promover inclusão social e desenvolver as categorias de base com um importante estímulo financeiro do setor privado, que passa a ter um instrumento legal para colaborar no desenvolvimento da atividade esportiva. Enquanto a

Lei Estadual tem o ICMS como referência, a fonte de recursos na utilização de Lei Federal de Incentivo ao Esporte é o Imposto de Renda. Assim, as empresas podem investir até 1% do imposto de renda em projetos esportivos e as pessoas físicas podem investir até 6% do valor pago ao I.R. A Lei de Incentivo ao Esporte tem uma funcionalidade muito semelhante ao da Lei de Incentivo à Cultura (Lei Rouanet).

Para ser proponente da Lei de Incentivo ao Esporte é preciso:

+ Ser pessoa jurídica.
+ Não ter fins lucrativos.
+ Ser de natureza esportiva.
+ Ter no mínimo um ano de funcionamento.

Os projetos podem ser de:

+ **RENDIMENTO**
+ **EDUCACIONAIS**
+ **PARTICIPAÇÃO** (Saúde, educação, prática voluntária, meio ambiente)

FIGURA 2 - SELO EXCLUSIVO DA LEI DE INCENTIVO AO ESPORTE

Outros:

A mais famosa Lei de projetos incentivados no Brasil é a Lei Federal de Incentivo à Cultura (Lei nº. 8.313/91), e que está prestes a ser substituída pelo PROCULTURA, em tramitação no Congresso, que visa reduzir a concentração regional de recursos. Em 20 anos de Lei Rouanet, foram arrecadados mais de R$ 9 bilhões para 31.125 projetos, sendo que 67% deste valor foi utilizado na região sudeste do Brasil.

Para os gestores de projetos vale uma pesquisa em seu estado e município sobre os programas e leis existentes, como por exemplo, o Fundo Municipal dos Direitos da Criança e do Adolescente da Prefeitura da Cidade de São Paulo (**FUMCAD**)**,** que busca beneficiar projetos de entidades aprovados pelo Conselho Municipal dos Direitos da Criança e do Adolescente através da utilização da renúncia fiscal do Imposto de Renda até o limite de 6%. As políticas municipais são definidas pelo Conselho Nacional dos Direitos da Criança e do Adolescente (Conanda) que é o órgão máximo, em âmbito federal, encarregado da formulação, monitoramento e avaliação das políticas de promoção, proteção e defesa dos direitos da criança e do adolescente no Brasil.

É muito comum que os projetos de incentivos sejam propostos por ONGs e OSCIPS, sendo as Organizações não governamentais (ONGs) um grupo social com uma organização formal e sem fins lucrativos e as Organizações da Sociedade Civil de Interesse Público (OSCIPs) entidades civis que prestam serviços a comunidade. Ambas atuam em ações de solidariedade e a favor de populações excluídas das condições de cidadania.

Ciclo de Vida de um Projeto

Lounge de um evento

Os projetos são temporários por definição, assim, a ideia de um projeto permanente não faz sentido por contrariar um conceito básico em projeto que é o fato de ser temporário, incerto e ter um prazo definido. Ou seja, a incerteza e a temporalidade são características inatas de um projeto.

Deste modo, todo projeto tem um ciclo de vida. Os projetos, em geral, requerem cuidados específicos e distintos quanto aos investimentos e estratégias relacionadas às diversas fases do seu ciclo de vida. As estratégias adotadas são fundamentais para garantir seu sucesso durante sua vigência, já que sua vida é limitada. Assim, é necessário estar atento às mudanças e realinhamentos que ocorrem por necessidade interna ou de mercado, ou ainda, para atender alguma necessidade específica e pontual. Vale lembrar ainda a Matriz BCG, que é uma análise gráfica desenvolvida por Henderson na década de 70. A Matriz BCG se baseia no conceito de ciclo de vida do produto para contribuir na gestão de marcas e produtos no que diz respeito ao marketing e planejamento estratégico, dentre outros.

Na figura a seguir apresentamos o quadro tradicional do Ciclo de Vida de um Produto.

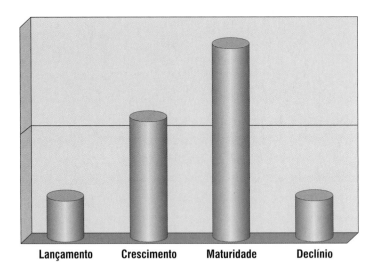

FIGURA 3 - CICLO DE VIDA DE UM PRODUTO

No livro que é uma verdadeira Bíblia para os gerentes de projeto o GUIA PMBOK do *Project Management Institute* encontramos um modelo de Ciclo de Vida do Projeto. Vale lembrar que existem inúmeros modelos e gráficos sobre o ciclo de vida de um projeto, entretanto, a maioria deles tem em comum as 4 principais fases que aparecem no Ciclo de Vida do Produto.

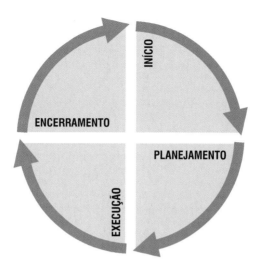

FIGURA 4 - CICLO DE VIDA DE UM PROJETO

Alguns ciclos de vida apresentam ainda a fase de prestação de contas que englobam as ações previstas de acordo com a legislação e/ou contrato.

Roteiro de um projeto de evento

Os tipos de projetos mais comuns são dois: O projeto para Captação de Recursos e o Projeto de Evento. A seguir é apresentado o roteiro básico para o projeto de um evento, normalmente após a aprovação do evento é que se sai em busca dos patrocinadores.

1. Título
2. Entidade promotora e/ou organizadora

3. Local do evento – Cidade
4. Objetivos
5. Apresentação
6. Público-alvo e número previsto de participantes
7. Descrição do evento
8. Período de realização do evento e horário (pré-programação)
9. Cronograma
10. Inscrições, taxas, ingressos, etc
11. Recursos necessários: Humanos, Materiais,
12. Plano de mídia ou equivalente
13. Instalações
14. Transportes
15. Hospedagem e alimentação
16. Segurança
17. Previsão orçamentária
18. Considerações Gerais
19. Anexos

A sugestão apresentada é um mero roteiro. Cada situação tem sua especificidade e necessidade, assim, o guia principal deve ser a essência, metas e objetivos do projeto.

Muitos eventos são administrados tão somente pelos seus objetivos. A administração por objetivos (APO), defendida por Peter Drucker, é um processo onde colaboradores e gerentes identificam objetivos comuns e, após definirem áreas de responsabilidade de cada um em termos de resultados, passam a utilizar os objetivos como guias para suas atividades. É uma técnica participativa de planejamento e avaliação.

O Planejamento e o Projeto

Algumas certezas podemos ter ao iniciar o planejamento de um projeto, uma delas é de que sem um planejamento bem definido, somente por acaso chegaremos a algum lugar e a outra é que o planejamento como principal função administrativa é uma unanimidade dentre os autores da teoria geral de administração (TGA).

Podemos ainda afirmar que o planejamento não é um ato isolado, é um processo que deve estar presente durante todo o ciclo de vida de um projeto, tentar usá-lo em apenas alguns momentos pontuais é um risco descabido e equivocado.

O planejamento ideal visa antecipar situações futuras (complicadas ou não) e mostrar qual caminho será seguido naquele momento, assim não se pode dizer que planejar é prever o futuro, e sim que é prever o que fazer no futuro caso ocorra aquilo que está se vislumbrando no processo de antecipar situações possíveis e prováveis.

Ao antecipar situações e soluções se evita a improvisação que normalmente onera o projeto, causa insegurança e desgaste na equipe. Lembre-se: quem planeja não improvisa e quem improvisa não planeja.

Outra situação que reforça a necessidade de planejar é o fato de organizar melhor o uso e fluxo dos recursos disponíveis e, desta maneira, colaborar com a melhoria dos resultados. No caso de projetos mais longos, mais necessário ainda se faz um bom planejamento.

A seguir apresentamos um quadro com os vários níveis de um planejamento, este quadro pode ser facilmente adaptado para a sua realidade, mesmo os pequenos projetos possuem sua fase estratégica, tática e operacional.

Planejamento	Estratégico	Tático	Operacional
Conteúdo	Genérico	Detalhado	Detalhado e individualizado
Extensão de tempo	Longo prazo	Médio prazo	Curto prazo
Amplitude	Toda Instituição	Cada Equipe	Cada tarefa

Fonte: (Poit, 2013)

QUADRO 1 - NÍVEIS DE PLANEJAMENTO EM PROJETOS

Outra ferramenta que deve ser utilizada pelo bom administrador de projetos é o ciclo PDCA, criado por Deming, vamos entendê-lo um pouco melhor.

O Ciclo de Deming

Trata-se de quatro passos que indefinidamente se repetem, dando fôlego contínuo para o processo de melhoria do projeto. É uma ferramenta utilizada por muitas organizações em todo mundo, pois, através dela se resolvem dificuldades e se alcançam resultados expressivos por meio de análises, planejamentos e ações preventivas e/ou corretivas.

O ciclo PDCA é uma das ferramentas da administração que visa melhorar a dinâmica dos projetos e ajudar encontrar as causas que, eventualmente, originaram um ou mais problemas.

Esse método de análise sugere o caminho para que as metas sejam alcançadas. Após realização das análises das possíveis causas que estejam dificultando atingir determinada meta, inicia-se o ciclo PDCA. Quanto mais conhecimento e maior o número de informações e dados sobre o processo e o problema, maiores serão as chances de sucesso do ciclo PDCA.

As etapas do ciclo PDCA possuem como principal objetivo possibilitar que os métodos evocados na análise e solução dos problemas sejam planejados, verificados e padronizados. Em geral as principais etapas do ciclo PDCA são:

a) **Planejar** (*plan*): É a primeira etapa do ciclo, é nesta fase que se toma por referência os dados e informações colhidas no processo. O planejamento pode ser feito com a utilização da técnica 5W 2H. **A TÉCNICA 5W 2H** É uma ferramenta utilizada para analisar ou planejar as ações para um projeto ou equivalente. É baseada em um acrônimo denominado os "5W 2H" e nele está relacionado as 7 perguntas básicas que devem ser respondidas neste processo:

1. What: o que deve ser feito?
2. Why: por que deve ser feito?
3. Who: quem deverá fazer?
4. When: quando deverá ser feito?
5. Where: aonde deverá ser feito?
6. How: como deverá ser feito?
7. How Much: quanto custará?

b) **Executar, fazer** (*do*): É a segunda etapa deste ciclo e consiste na execução criteriosa do planejamento preparado.

c) **Verificar, checar** (*check*): É a terceira etapa. É o momento da verificação da ação. Neste instante verifica-se a conjuntura do momento e se compara com a situação anterior. Após a verificação é realizada a comparação, segue-se para o quarto passo, agir.

d) **Agir, atuar** (*action*): É a quarta etapa, aqui a ação a ser tomada é totalmente baseada no resultado obtido. Em caso negativo e com a persistência do problema, inicia-se um novo ciclo PDCA. Entretanto, se o resultado for positivo e a estimativa aponta para a resolução do problema faz-se uma avaliação da situação geral e se ficar evidenciado que as mudanças proporcionaram a obtenção das metas estabelecidas então é o caso de ser feita uma padronização do processo utilizado e repeti-lo quantas vezes forem necessárias.

Segue uma demonstração gráfica do ciclo PDCA que também é conhecido por ciclo de Deming:

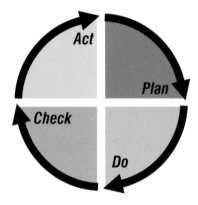

FIGURA 5 - CICLO PDCA

Análise Swot

Outra ferramenta indispensável para uma análise do projeto é o processo SWOT que é um acrônimo derivado das palavras em inglês que fornecem o seu significado, sendo: Forças = (Strengths), Fraquezas = (Weaknesses), Oportunidades = (Opportunities) e Ameaças = (Threts).

Por meio da análise SWOT a equipe responsável pelo projeto poderá examinar a interação e as características particulares do projeto com relação aos objetivos e metas do mesmo.

A ferramenta SWOT permite separar aspectos internos e externos e examiná-los. Assim, quando falamos em forças e fraquezas estamos falando de situações internas da instituição que organiza o projeto, entretanto, quando falamos de oportunidades e ameaças estamos dialogando com situações do mercado e, portanto, externas a instituição. Durante o processo de análise é importante a determinação em cada área analisada, o exame deve ser exaustivo e detalhado. Na figura 7 é mostrada, a título de ilustração, a ferramenta SWOT.

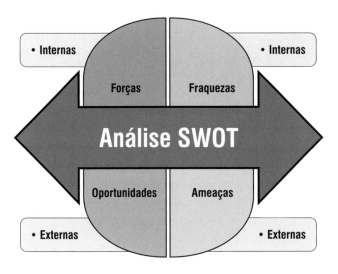

FIGURA 6 - ANÁLISE SWOT

A ferramenta SWOT possui algumas características que nos impele a usá-la, ou seja:

- **Simplicidade:**

Pode ser conduzida pela equipe de projeto sem depender de um treinamento REFINADO.

- **Custos:**

Por ser simples, elimina despesas com treinamento e preparação exaustiva da equipe responsável.

- **Flexibilidade:**

Como é uma ferramenta simples, a mesma pode ser utilizada em vários tipos de PROJETOS.

- **Integração:**

Pode-se colocar uma equipe em cada item da análise SWOT e, em seguida, organizar uma integração que sintetize os diversos tipos de informações.

- **Colaboração:**

Estimula a colaboração e contato entre as diversas equipes de um PROJETO.

A Marca do Projeto

Maquete de uma arena

*Uma marca é uma síntese de fatos
e imagens que compõem
um produto esportivo, quase sempre definida por
slogans, temas, locais, símbolos,
características do produto
e diversos outros atributos concretos e abstratos*

(REIN, KOTLER e SHIELDS)

Quando criamos um projeto é fundamental pensarmos na marca que ele representará no mercado ou para a instituição que ele representa, assim, pensar a marca de maneira estratégica e não apenas como um mero detalhe pode significar o sucesso do seu empreendimento.

Sabemos que hoje em dia as grandes empresas consideram a sua marca como o ativo mais importante, bem diferente de antigamente onde o produto ou serviço era o que importava. Desta forma vale insistirmos que a marca não é apenas um instrumento de marketing, e sim um ativo estratégico do projeto que se pretende emplacar.

Existem muitas definições para marca, verificando a literatura disponível achamos vários significados e frases que indicam o que é uma marca, por exemplo:

- Uma imagem.
- Um desenho.
- Um nome.
- Um logotipo ou logomarca.
- Um símbolo.
- Uma dinâmica de relações entre a empresa/produto, a pessoa e a comunidade.
- Um desejo.
- Uma promessa instalada na mente do consumidor.
- Criação de valor para todas as partes interessadas.

Negociando um projeto: a fase decisiva

No convívio com os outros, ser suave e gentil.
No falar, ser verdadeiro.
Nos negócios, ser competente.
Nas ações, manter o senso de oportunidade.

LAO TSÉ (O Tao da Negociação)

Depois que o projeto está pronto em nossas mãos, segue uma fase crucial que é a negociação do projeto. Muitas vezes quem monta um bom projeto não é tão bom em negociação e às vezes um bom negociador não consegue montar bons projetos, assim, pense em quem ou qual equipe ficará encarregada da negociação.

Os fundamentos para a negociação de um projeto estão sistematicamente relacionados a seguir e podem significar o desejado fluxo financeiro para o seu negócio. Pense e execute as sugestões com desvelo e persistência, a experiência mostra que os resultados alcançados valem o esforço desprendido.

Comece pondo em prática os seguintes itens:

1. Estabeleça uma lista de PROSPECTS
2. Mantenha o FOCO na lista (bem feita)
3. Procure conhecer ao máximo a empresa
4. Descubra como funciona o processo decisório
5. Faça um controle do andamento da negociação
6. Procure instituições que tenham compatibilidade com o seu projeto.

O momento da negociação é crucial e tão importante como a confecção do projeto, um depende do outro: **um bom projeto depende de uma boa negociação assim como uma boa negociação depende de um bom projeto. Um não vive sem o outro.**

Seguem algumas sugestões que a experiência nos legou como fundamentais na hora de fechar uma parceria para o seu projeto:

- Procure apresentá-lo pessoalmente.
- Faça uso da tecnologia.
- Destaque as informações relevantes.

- Tenha uma argumentação precisa.
- Lembre-se que vender é persuadir, envolver.
- Seja original e criativo.
- Use uma linguagem clara e formal.
- Mostre apreço pelo seu interlocutor.
- Seja seguro, mostre convicção.
- Conheça o assunto.
- Seja breve, eficiente, eficaz e efetivo.
- Não peça "por favor" ou "me ajude" e nem passe uma imagem de desespero, proponha uma parceria.
- Informe que patrocinando o projeto o retorno será enorme por apenas "x" de investimento.
- Procure conhecer o perfil de quem decide.
- Faça uma adequação da proposta ao orçamento da empresa.
- Acompanhe o trâmite do projeto.

Tenha sempre em mente que **"A venda de um PROJETO requer muita disciplina e organização. O custo da venda não pode comprometer o conjunto".**

- Concentrar-se no PROJETO.
- Estar atento a novas soluções.
- Discutir o PROJETO de forma objetiva.
- Propiciar alternativas para a outra parte.
- Cortesia e respeito são fundamentais em uma parceria.
- Apresentar sugestões possíveis.

- Saber falar e principalmente ouvir com atenção.
- Empatia.
- Ter consciência que a negociação é 'full time'.
- Lembrar que você está lidando com 'pessoas'.
- Captar recursos é estabelecer e gerenciar relacionamentos.
- Captar recursos requer planejamento.

Como você pode notar a relação de itens a se preocupar é grande, talvez por isso alguns conseguem mais resultados que outros, ou seja, os mais persistentes e detalhistas conseguem uma melhor preparação e consequentemente melhores resultados. Lembre-se ainda de:

- Saiba tudo sobre o que você está vendendo.
- Captar recursos é uma "campanha" – não pare na primeira negativa.
- Tenha os custos detalhados para maior credibilidade e transparência.
- Procure empresas COM o perfil do seu projeto.
- Faça uma boa apresentação.
- Esteja atento às permutas!
- Seja criativo e mobilize sua rede de apoio.
- Negocie o teu produto. Não peça ajuda.
- Crie um projeto no qual você investiria nele!
- Planeje e acredite, SEMPRE!
- Explore as oportunidades.
- Escolha as empresas criteriosamente.

- Prepare a abordagem.
- Marque o momento para a abordagem e realize sua performance.
- Apresente o pacote.
- Nunca desista: Persistência é uma atitude fundamental. Tenha em mente que o limite da persistência é dado pelo bom senso.

Mesmo fazendo tudo corretamente alguns obstáculos podem surgir e dificultar seus planos, deste modo, esteja atento aos possíveis contratempos e pense em estratégias para evitá-los ou contorná-los, por exemplo:

Ausência de objetivos: Defina claramente os objetivos principais, secundários e fique atento para as possibilidades de adicionar novos objetivos ao seu projeto.

Falta de abordagem estratégica: Verifique com antecedência como o seu projeto pode favorecer ou ampliar as estratégias de seu parceiro; antecipe o evetual problema e leve uma sugestão.

Publicidade inexistente: Divulgue sua instituição, seu trabalho, seu nome e principalmente sua marca.

Reputação duvidosa: Não tenha reputação duvidosa, caso contrário...

Falta de senso crítico em relação ao seu próprio projeto: Muitos projetos não decolam pelo simples fato de que só o autor do mesmo é quem confia nele. O senso crítico evita tal situação.

Falta de acompanhamento do projeto: Acompanhe seu projeto, pergunte sobre ele, anote os prazos, fique atento à evolução da negociação.

Tempo da equipe & qualificação: É uma exigência do mercado, quem é novo precisa mostrar serviço, quem já tem um bom portfólio de serviços prestados demonstra mais segurança.

Apenas solicitar recursos é insuficiente, deve haver convencimento: Não peça ajuda, convença seu interlocutor que investir no seu projeto é um excelente negócio.

> **Em resumo:** Lembre-se que cada negociação é diferente e exige uma abordagem específica. Não existem dois clientes iguais e cada um deles exige um tratamento diferenciado.

Avaliação do Projeto

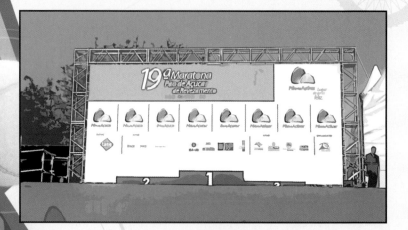

Pódio e *back drop*

Este é um assunto tão significativo que praticamente todos os grandes teóricos da administração escreveram alguma coisa sobre isto. Jack Welch, disse: *"Não implante nenhum programa, ação ou promoção que não possa medir seus resultados".*

Deming, afirmou: *"Não se gerencia o que não se mede, não se mede o que não se define, não se define o que não se entende, não há sucesso no que não se gerencia."* E o legendário Peter Ducker escreveu: *"você só pode gerenciar aquilo que você pode medir".*

Quando se fala em avaliação abre-se um leque imenso de possibilidades, deste modo vamos enumerar aquilo que é fundamental para avaliar o seu projeto. Lembramos que não existe uma única e infalível ferramenta, o que existe é o bom senso e a propensão de avaliar o tempo todo e em todos os momentos do ciclo de vida do projeto.

A ideia de constância é uma das mais importantes e, deste modo, você estará atento à quaisquer desvios do processo de implantação do projeto. As ferramentas mais comuns são as perguntas frequentes que deverão ser utilizadas no processo de avaliação, podemos citar os questionários, entrevistas, pesquisas, entre outras formas de se monitorar o processo.

As ferramentas ajudam a atender objetivos quantitativos ou qualitativos dependendo do interesse do momento. Por exemplo, para saber se os envolvidos estão acreditando no projeto, a partir de perguntas objetivas você pode chegar a respostas qualitativas. Entretanto, se você precisa saber se as metas estão sendo atingidas, aí você precisará de um questionário ou uma análise dos prazos ou ainda dos valores captados para obter respostas quantitativas e assim satisfazer este momento de avaliação.

Lembre-se que a confecção de relatórios forma um conjunto de instrumentos importantíssimos para o processo avaliatório que poderá ser discutido e debatido em reuniões específicas para este fim.

Para ajudá-lo na montagem de um processo específico de avaliação seguem as duas perguntas básicas de todo bom projeto:

1. Conseguimos alcançar os objetivos e metas do Projeto?
2. O que poderíamos ter feito diferente ou melhor neste Projeto?

Visando aumentar as possibilidades de uma avaliação abrangente, seguem mais algumas perguntas guias que servem como referência para um projeto bem planejado:

+ Quem será o coordenador das avaliações?
+ Como o projeto será avaliado?

- Haverá FICHA DE AVALIAÇÃO? Pesquisa? Outros?
- Quais serão os indicadores de resultados? (Participação/satisfação/aproveitamento)
- Qual a periodicidade dos relatórios?
- Quanto conseguimos captar?
- Os recursos foram suficientes?
- Como foi a análise do orçamento?
- Como foi o ciclo do projeto?
- Como foi a participação dos *stakeholders*?
- Eventuais mudanças foram bem sucedidas?
- Os *feedbacks* fornecem ideias p/ futuro?
- A avaliação também tem um caráter de auto avaliação?
- A equipe foi preparada adequadamente para o projeto?
- O projeto atendeu às expectativas dos participantes?
- Aconteceram problemas e atrasos inesperados?

Ainda na fase de avaliação tenha atenção e evite as metas incompatíveis; verifique a capacidade da equipe em antecipar obstáculos; cuidado com a falta de pontos de controle e/ou indicadores; a falta de compromisso individual ou coletivo; a falta de flexibilidade para revisão; falta de comprometimento e, finalizando, a incapacidade de aprender com os erros.

Considerações Finais

A pior coisa que pode acontecer na vida de uma pessoa
Não é quando seu projeto não dá certo,
seu plano não funciona
ou quando a viagem termina no lugar errado.
O pior é não começar. Esse é o maior naufrágio.

Amyr Klink

Este livro contém muitas informações técnicas e muitas orientações que parecem óbvias e evidentes; entretanto, muitos projetos não decolam pela falta de sistematização das regras básicas, ou ainda, por excesso de confiança dos seus autores que na ânsia de implantar o projeto acabam esquecendo justamente de itens básicos como muitos dos aqui explicitados.

Pense seu projeto como uma marca. A regra antiga dizia: "crie projetos seguros e agregue a eles uma grande campanha vigorosa de marketing". A nova regra diz: **"crie projetos extraordinários e desejados por determinado segmento".**

O sucesso de qualquer projeto depende de como ele compreende quais as necessidades dos parceiros serão satisfeitas. Afinal, a concorrência não está entre projetos, e sim naquilo que o projeto pode acrescentar a um produto, evento ou instituição. Pense sempre em valorizar as pessoas e naquilo que as pessoas valorizam.

Caso você entenda que não basta ser considerado apenas um dos melhores dentre os melhores, e sim ser visto como: *o único que faz o que você faz da maneira que é feita*, e tenha certeza que seu projeto será um grande sucesso.

Costumamos dizer que existem três segredos fundamentais para o sucesso de um projeto:

1. Criar um projeto maravilhoso (irresistível).
2. Apresentá-lo para um cliente específico.
3. Realizar a venda no momento adequado.

Conhecer os segredos sem conhecer as demais informações inerentes ao processo de planejamento e execução de um projeto com qualidade não trará nenhuma vantagem competitiva; entretanto, conhecer e saber conduzir todas as etapas de um projeto eficiente, eficaz e efetivo fará de você um *player* diferenciado em um mercado insosso muito igual.

Assim que seu esboço de projeto estiver pronto, peça para algumas pessoas de senso crítico aguçado analisar e/ou revisar o material que está sendo preparado.

Grandes projetos da humanidade nasceram de um esboço e foram tomando forma até se tornarem paradigmáticos, por exemplo: As pirâmides do Egito, a Muralha da China, o Projeto Apollo (conquista da lua), o Projeto Manhattan (bomba atômica), o Projeto da Torre Eiffel, o Projeto Genoma (mapeamento dos genes que existem no DNA das células humanas), entre outros.

Lembre-se de que *dificilmente os projetos nascem maravilhosos, eles exigem tempo, dedicação e esforço continuado para se tornarem maravilhosos.*

"Nada de grande se cria de repente"

Epictetus (Filósofo grego – 50/130 d.C.)

"Nada de esplêndido jamais foi realizado, exceto por aqueles que ousaram acreditar que algo dentro deles era superior às circunstâncias".

Bruce Fairchild Barton

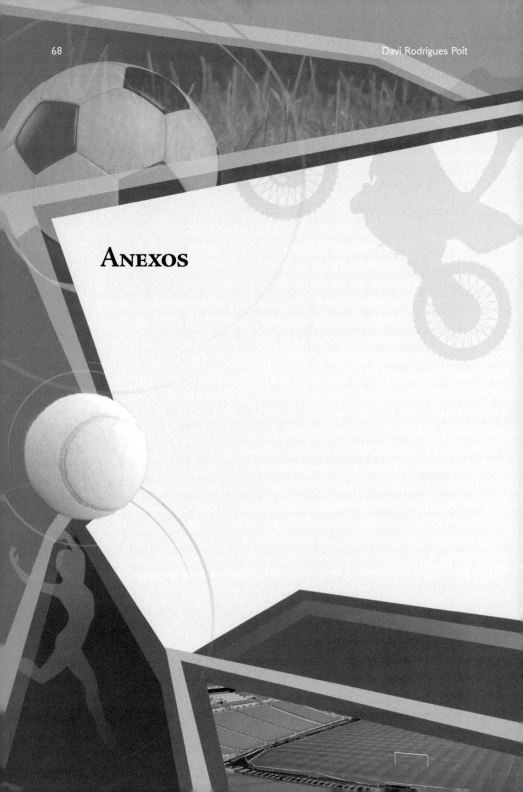
Anexos

ANEXO 1 - CENTIMETRAGEM

Mídia impressa – jornais e revistas

Veículo	Data	Pág	Seção	Valor
J. da Tarde	03.03.14	Capa	Turismo	8.545,00
Folha	05.03.14	D-3	Esporte	5.780,00
Veja SP	13.03.14	73	½ pag.	52.800,00
Estadão	20.03.14	Capa	Metrópole	15.450,00
J. Lance	22.03.14	Capa	Vidas Secas	2.760,00
Folha Teen	24.03.14	8	Comportamento	6.435,00

Total de mídia espontânea no período: **R$ 91.770,00**

ANEXO 2 - EXEMPLOS DE COTAS DE PATROCÍNIO

> **Cota ALFA – Investimento R$ 15.000,00**

Contrapartidas:

Exclusividade por um ano na utilização dos espaços da Instituição.

Exclusividade na utilização do nosso mailing.

Outdoor na entrada principal da Instituição.

Mailing dos participantes.

Exclusividade na camiseta da comissão organizadora.

Logo em destaque em todo material do evento.

Sua logomarca nos downloads via *Bluetooth*.

Espaço privilegiado no *Backdrop* do evento.

10.000 Folders (Brasil e exterior) A4.

1.000 Cartazes A3.

Matéria na revista do segmento e anúncio de 1 página.

Distribuição de material promocional do patrocinador.

Menção de agradecimento ao vivo no local.

Banners na entrada, área de circulação do evento e auditório.

Distribuição de material e desenvolvimento de ação promocional.

Inscrições gratuitas para o evento – 30.

Outras opções previamente acordadas.

Cota BETA – Investimento R$ 10.000,00

Contrapartidas:

Mailing dos participantes.

Logo em destaque em todo material do evento.

Sua logomarca nos downloads via *Bluetooth*.

Espaço no *Backdrop* do evento.

10.000 Folders (Brasil e exterior) A4.

1.000 Cartazes A3.

Matéria na revista do segmento e anúncio de 1/2 página.

Distribuição de material promocional do patrocinador.

Menção de agradecimento ao vivo no local.

Banners na área de circulação do evento e auditório.

Distribuição de material e desenvolvimento de ação promocional.

Inscrições gratuitas para o evento – 20.

Outras opções previamente acordadas.

Cota DELTA – Investimento R$ 5.000,00

Contrapartidas:

Mailing dos participantes.

Logo em todo material do evento.

Espaço no *Backdrop* do evento.

10.000 Folders (Brasil e exterior) A4.

1.000 Cartazes A3.

Matéria na revista do segmento e anúncio de 1/4 página.

Distribuição de material promocional do patrocinador.

Menção de agradecimento ao vivo no local.

Banners na área de circulação do evento.

Distribuição de material e desenvolvimento de ação promocional.

Inscrições gratuitas para o evento – 10.

Outras opções previamente acordadas.

ANEXO 3 - O MODELO BANCO DO BRASIL PARA PROJETOS

Um dos grandes patrocinadores brasileiros é o Banco do Brasil, assim, seguem algumas informações (bb.com.br) por seu caráter pedagógico e por servir de apoio para aos leitores que procuram ampliar seus conhecimentos na elaboração de projetos de qualidade.

Para o Banco do Brasil patrocínio é o **"apoio financeiro concedido a projetos de iniciativa de terceiros, com o objetivo de divulgar atuação, fortalecer conceito, agregar valor à marca, incrementar vendas, gerar reconhecimento ou ampliar relacionamento do patrocinador com seus públicos de interesse"**. O Banco do Brasil analisa a relação custo x benefício de todos os patrocínios que realiza, de forma que as contrapartidas obtidas estejam sempre compatíveis com o investimento alocado.

O Banco do Brasil NÃO considera como patrocínios:

a) doações: cessão gratuita de recursos humanos, materiais, bens, produtos e serviços que não seja divulgada a marca e mantenha o doador no anonimato;

b) permutas ou apoios: troca de materiais, produtos ou serviços por divulgação de conceito e/ou exposição de marca;

c) projetos de veiculação em mídia ou em instalações que funcionem como veículo de comunicação, com entrega em espaços publicitários;

d) projetos de transmissão de eventos esportivos, culturais, informativos ou de entretenimento, comercializados por veículos de comunicação;

e) ações compensatórias: apoio a projetos cuja execução seja compulsória e prevista em lei;

f) locação de espaço e/ou montagem de estandes em eventos.

Quando um projeto conquista o apoio do Banco do Brasil é porque atende as premissas descritas a seguir, notem o caráter didático desses itens e pergunte-se, adaptando à sua realidade: meu projeto atende essas premissas?

a) **visibilidade** – percepção da marca Banco do Brasil pelo público, proporcionada pelas ações de comunicação compreendidas no escopo do projeto;

b) **fortalecimento da marca** – colaboração do projeto para potencializar o reconhecimento da marca Banco do Brasil ou marcar seu posicionamento junto a segmentos específicos de públicos ou junto à sociedade em geral, a curto, médio e longo prazos;

c) **relacionamento** – potencial do projeto para aprofundar o relacionamento institucional e negocial do Banco do Brasil com seus clientes efetivos e potenciais;

d) **contrapartidas** – análise das propriedades oferecidas pelo projeto frente à cota de patrocínio solicitada;

e) **brasilidade** – presença, no projeto, de atributos que enalteçam e divulguem valores atrelados às especificidades culturais, sociais e econômicas do Brasil;

f) **inovação** – colaboração do projeto para a construção e divulgação de iniciativas inovadoras para as comunidades, o País e seus agentes sociais, culturais e econômicos;

g) **sustentabilidade** – aderência do projeto ao conceito de sustentabilidade e responsabilidade socioambiental;

h) **democratização** – igualdade de oportunidade e acesso a produtos e serviços resultantes da implementação dos projetos patrocinados;

i) **distribuição geográfica** – distribuição dos projetos pelo território nacional;

j) **cidadania** – colaboração do projeto para a promoção da cidadania e do desenvolvimento humano;

k) **potencial educacional** – desdobramentos educacionais e/ou de capacitação técnica proporcionados pelo projeto;

l) **acessibilidade** – previsão de acesso especial para pessoas com mobilidade reduzida ou com deficiência física, sensorial ou cognitiva, de forma segura e autônoma, aos espaços onde se realizam os eventos ou aos produtos e serviços oriundos dos patrocínios.

ANEXO 4 – RESUMO DO PROJETO RIO 2016

No dia 02.10.09 em Copenhagen (Dinamarca) o Brasil venceu as cidades de Chicago (EUA), Madri (Espanha) e Tóquio (Japão) na disputa pelos Jogos Olímpicos de 2016. O projeto impresso que contribuiu para o esforço conjunto da vitória brasileira que trouxe os Jogos Olímpicos para o Brasil tinha 78 páginas muito bem elaboradas e ilustradas com os seguintes itens:

Por que o Rio 2016?

Rio 2016 para os brasileiros

- Inclusão social e educação
- Indutor de transformações
- Vitrine mundial para a marca Brasil
- Novo território para os Jogos Olímpicos
- Polo do esporte da América do Sul

Comissão de Candidatura Rio 2016

- Conselho de Honra
- Conselho Executivo

Financiamento da Candidatura

Financiamento dos Jogos

O compromisso dos governos

Jogos Olímpicos: o maior evento esportivo do planeta

Rio 2016 – a melhor época no melhor lugar

Conceitos

Rio: Uma grande arena olímpica

- Região Barra
- Região Copacabana
- Região Maracanã
- Região Deodoro
- Sedes regionais do futebol

Transporte

- Infraestrutura estratégica
- Sistema de ônibus rápido (BRT)

Meio Ambiente

- Rio 2016 Plano de Sustentabilidade
- Rio 2016 Compromisso Ambiental

Segurança

- Rio 2007 como base para o Rio 2016

Sinergia e legado da Copa 2014 e para os Jogos 2015

Opinião Pública

- O Carioca quer os Jogos Olímpicos

Referências

ASSEMBLEIA LEGISLATIVA DO ESTADO DE SÃO PAULO. Secretaria Geral Parlamentar, Departamento de Documentação e Informação. Lei n. 13.918, de 22.12.09.

BRASIL, Ministério da Educação e Saúde. *A proteção do Estado aos desportos* - Conselho Nacional de Desportos; relator: João Lyra Filho. Rio de Janeiro: Imprensa Nacional, 1944.

DUFFY, Mary. *Gestão de Projetos*. Rio de Janeiro: Elsevir, 2006.

MAGALHÃES PINTO, Leila Mirtes Santos (Organização). *Como fazer projetos de lazer: Elaboração, execução e avaliação*. Campinas S.P.: Papirus, 2007.

POIT, Davi Rodrigues. *Organização de Eventos Esportivos*. 5ª ed. São Paulo: Phorte, 2013.

POIT, Davi Rodrigues. *Cerimonial e Protocolo Esportivo*. 1ª ed. São Paulo: Phorte, 2010.

PMI - PROJECT MANAGEMENT INSTITUTE. Um Guia dos conhecimentos em gerenciamento de projetos. (Guia PMBOK). 4ª Ed. São Paulo: PMI, 2008.

PRESIDÊNCIA DA REPÚBLICA. Casa Civil, Subchefia para assuntos jurídicos. Lei n. 11.438 de 29.12.06. Dos Incentivos ao Desporto.

REIN, I., KOTLER, P., SHIELDS, B. *Marketing Esportivo: a reinvenção do esporte na busca de torcedores*. Porto Alegre: Bookman, 2008.

REZENDE, José Ricardo. *Manual Completo da Lei de Incentivo ao Esporte*. 3ª ed. São Paulo: All Print, 2010, 290p.

SOBRAL Felipe & PECI Alketa. *Administração: teoria e prática no contexto brasileiro*. São Paulo: Pearson Prentice Hall, 2008.

TORRINHA, Francisco. Dicionário Latino Português. Gráficas Reunidas: Porto, 1942.

Contato com o Autor

Fone (11) 4586-2954
e-mail: davipoit@uol.com.br
www.eventosesportivos.com.br

BREVE CURRÍCULO
Prof. Dr. Davi Rodrigues Poit
CREF – SP 517*
CNCP – 2000**

Doutor em Educação - PUC-SP.

Mestre em Educação – PUC-Campinas.

Licenciatura Plena em Educação Física (ESEF-Jundiaí)

Curso de Marketing Internacional – CUBA.

Curso de Gestão & Logística – Argentina.

Curso de Marketing estratégico FGV (GVPec).

Curso de Gestão de Eventos FGV (GVPec).

Curso de Desenvolvimento Gerencial (FAAP).

Autor dos livros Organização de Eventos Esportivos – 5ª Edição (2013), Cerimonial e Protocolo Esportivo (2010) & Elaboração de Projetos Esportivos – 2013.

Laureado com o prêmio TOP FIEP 2006.

Prêmio GESTOR ESPORTIVO – CREF-2007.

Prof. convidado da FAAP, FGV e Gama Filho.

Vice-diretor da ESEF – Jundiaí.

Presidente do Congresso de Educação Física de Jundiaí.

Membro do Comitê de Ética nas Pesquisas da ESEF.

Palestrante e consultor em entidades e eventos públicos e privados.

1º Tenente do Exército (Reserva).

Faixa preta de Karatê Shotokan – 6º Dan.

* **Conselho Regional de Educação Física**
** **Comitê Nacional de Cerimonial e Protocolo – CNCP/Brasil**